DER PERFEKTE PREIS

DER PERFEKTE PREIS

DER PERFEKTE PREIS

 DER PERFEKTE PREIS

Inhalt

Preise: alles was Sie wissen müssen

Arbeiten mit preisbewussten Käufern

Der "Gewinnpreis"

Preise je nach Produkttyp

Preisstrategien, die den Gewinn verbessern

Preise überfliegen als Preisstrategie

Ist die psychologische Preisgestaltung eine wirksame Strategie?

Preise für Marktdurchdringung

Aktionspreise

Wettbewerbsfähiger Preis

Bieten Sie Rabatte als Teil Ihrer Preisstrategie an

Alternative Preisstrategien

Die attraktivsten Angebote

Wertorientierte Preisgestaltung

Woher wissen Sie, ob Ihr Preis korrekt ist?

 DER PERFEKTE PREIS

 DER PERFEKTE PREIS

Preise: alles was Sie wissen müssen

Wenn Sie versuchen, etwas über das Internet zu verkaufen, wäre die Preisgestaltung Ihrer Dienstleistungen/Produkte die wichtigste Entscheidung, die Sie treffen werden. Da das Internet den Kunden Tausende von Alternativen bietet, müssen Sie mit der Konkurrenz Schritt halten. Die Preise bestimmen, wie lange Sie auf dem Markt bleiben können.

Sie müssen eine klare Vorstellung von den Preisen bekommen. Wie weit können Sie es treiben und wie oft müssen Sie die Preise überprüfen? Vieles wird davon abhängen, wie Sie diese Phase des Geschäfts handhaben.

 DER PERFEKTE PREIS

Zu Beginn müssen Sie eine Gruppe von Verbrauchern identifizieren und dann schätzen, wie viel sie bereit wären, für Ihre Dienstleistungen oder Produkte zu zahlen.

Aber darüber hinaus müssen Sie auch dafür sorgen, dass Sie einen Nutzen für sich selbst haben. Und sehr oft können diese beiden Forderungen miteinander in Konflikt stehen. Verschiedene Menschen verwenden unterschiedliche Techniken, um den Preis ihrer Produkte festzulegen. Einige von ihnen haben eine wissenschaftliche Grundlage, andere nicht. Im Folgenden wird ein solches Verfahren vorgestellt, das mit einem Verständnis der Produktionskosten, der Kundenerwartungen und anderer Akteure in diesem Bereich arbeitet.

Kosten sind definiert als die Gesamtsumme der Ausgaben, die bei der Herstellung eines Produkts anfallen. Zu den Ausgaben gehören

die Kosten für Rohstoffe, Maschinen, Verpackung, Lieferung usw. Der Preis ist der Betrag, den Kunden pro Einheit ihres Produktes/ihrer Dienstleistung zahlen müssen.

Damit Sie einen Gewinn erzielen können, muss der Preis höher sein als die Kosten. Ihre Preise sollten durchweg höher als die Kosten sein, wenn Sie planen, Ihr Unternehmen über einen längeren Zeitraum zu betreiben, außer in Sonderfällen. Manchmal können Sie die Preise senken, z.B. um in einen Markt einzutreten. Beginnen Sie mit niedrigeren Preisen als Ihre Konkurrenten, damit die Leute auf Sie aufmerksam werden, und sobald Sie eine anständige Anzahl von Kunden haben, können Sie Ihre Preise allmählich erhöhen!

Wie viel die Kunden für Ihre Dienstleistungen bezahlen, ist direkt proportional dazu, für wie wichtig und wertvoll sie Ihr Produkt halten. Natürlich

 DER PERFEKTE PREIS

werden Ihre Marketingstrategien und Ihr Ruf auf dem Markt in dieser Hinsicht eine wichtige Rolle spielen.

Zwischen diesen beiden Zahlen sind Ihre Kosten und der Preis, den Ihre Kunden bereit sind, für Ihr Produkt zu zahlen, Ihr Idealpreis. Wenn Ihr Preis etwas niedriger ist, als das, was Ihre Kunden bereit sind, für Ihre Dienstleistungen zu zahlen, wird sich das auf lange Sicht definitiv zu Ihren Gunsten auswirken.

Wenn Ihr Preis höher ist als das, was in den Augen des Kunden fair ist, würden Sie am Ende Ihre Attraktivität und Ihren Markt verlieren und allmählich Ihre Lebensfähigkeit verlieren.

Arbeiten mit preisbewussten Käufern

Der Wert des Geldes ist in der heutigen Welt eine harte Realität, und aus diesem Grund haben Kunden, die für ihre Bedürfnisse kaufen wollen, den effektiven Faktor beim Kauf erkannt.

Sie wollen das Beste aus dem am wenigsten ausgegebenen Geld herausholen, weshalb die korrekte Preisgestaltung Ihrer Produkte einen großen Beitrag dazu leistet, dass Sie weiterhin Kunden gewinnen und Gewinne erzielen. Das bedeutet aber nicht unbedingt, dass Sie Ihre Kunden nur durch Preissenkungen gewinnen können, da dies oft zu Verlusten führen kann.

 DER PERFEKTE PREIS

Aber mehr noch als der Preis ist es der Wert des Produkts, der den Preis in den Augen des Kunden bestimmt. Sie werden niemals erwarten, dass ein hochkarätiges Fahrzeug wie ein Mercedes so teuer ist wie ein Toyota, aber sie werden erwarten, dass sie das beste Angebot von Ihnen bekommen, wenn sie einen Toyota auf dem Markt kaufen wollen.

Daher ist die Wertsteigerung eines jeden Produkts durch gutes Marketing, Forschung und Entwicklung ein sicherer Weg, um sicherzustellen, dass Ihr Kunde den Preis und den Wert des Produkts schätzt und akzeptiert. Daher ist es eine einfache Sache, die Art und Weise, wie der Kunde ein Produkt betrachtet, zu ändern.

Die einfachste und effizienteste Strategie, um einen preissensiblen Käufer zufrieden zu stellen, besteht darin, ihm ein lebendiges Bild der Vorteile zu vermitteln, die ihm diese Ausgaben langfristig bringen werden. Jeder möchte gerne wissen, dass er gutes Geld für

etwas ausgegeben hat, das Bestand hat und mehr Gewinn bringt. Wenn Sie also den Kunden davon überzeugen können, dass es beim Kauf von etwas nicht nur ums Ausgeben geht, sondern darum, in etwas zu investieren, das sich auf lange Sicht lohnt, wird er auf jeden Fall zustimmen, das Geld auszugeben.

Indem Sie aufzeigen, wie der höherpreisige Artikel letztendlich kleinere Probleme verursacht und somit viel Ärger und unnötige Ausgaben für Dienstleistungen und Reparaturen erspart, können Sie vielleicht das Geschäft abschließen. Auch hier geht es darum, Ihre Kunden davon zu überzeugen, dass sie das Richtige tun, indem sie die langfristigen Vorteile des Kaufs betrachten.

Wenn Sie ein Qualitätsprodukt haben und es gut vermarkten, wird jeder vernünftige Kunde zu Ihnen kommen. Selbst wenn das bedeutet, dass man dieses zusätzliche Geld ausgeben muss, wollen die Kunden für sie

DER PERFEKTE PREIS

das Beste auf dem Markt. Das Angebot von Qualitätsprodukten zieht daher immer wieder Kunden für mehr an.

Um preissensible Käufer für sich zu gewinnen, müssen Sie verstehen, dass der Preis nicht die einzige Komponente Ihrer Kaufentscheidungen ist. Wenn Sie sich die Zeit nehmen, die Bedürfnisse Ihrer Kunden zu ermitteln, können Sie den vollen Wert Ihrer Dienstleistung oder Ihres Kunden präsentieren. Wenn es Ihnen nicht gelingt, das Gesamtbild aufzudecken, könnten Sie in die Lage geraten, auf Preisanliegen zu reagieren, und das wird Ihrem Unternehmen auf lange Sicht nicht zum Erfolg verhelfen.

Kennen Sie Ihre Kunden. Finden Sie heraus, wie ihr Verstand funktioniert und was sie wollen. Dies wird sie in hohem Maße davon überzeugen und dazu bringen, das richtige, wenn auch teure Produkt zu kaufen. Wenn Sie nicht verstehen, dass es beim Kauf nicht nur um Geld, sondern auch um all die anderen oben erwähnten Dinge geht, müssen Sie möglicherweise die Preise weiter senken, um Kunden zu gewinnen, und das wird für Ihr Unternehmen nicht profitabel sein.

 DER PERFEKTE PREIS

Der "Gewinnpreis"

Die Festsetzung eines Preises für Ihr Produkt oder Ihre Dienstleistung, insbesondere wenn Sie versuchen, über das Internet zu verkaufen, kann die wichtigste geschäftliche Entscheidung sein. Die Festsetzung eines Preises ist nicht so einfach, wie es scheinen mag. Wenn Sie einen Gewinn erzielen wollen, sollte Ihr Preis höher sein als Ihre Kosten, aber er sollte niedriger sein als der "Preis, den der Markt tragen kann", der Preis, den Ihre Kunden für Ihre Dienstleistung zu zahlen erwarten. Sie sollten dies bei der Preisgestaltung Ihrer Produkte berücksichtigen.

Es gibt ausgeklügelte Preispläne, die Sie verstehen und mit denen Sie arbeiten können müssen. Der Preisplan, mit dem Sie arbeiten

möchten, hängt von Ihrem Geschäftsmodell ab.

Das gilt auch für den "Pricing to Penetrate"-Plan. Dieser Plan würde für Sie funktionieren, wenn es Ihr Ziel ist, den Zielmarkt schnell zu durchdringen. Um dieses Ziel zu erreichen, müssen Sie den Preis Ihres Produkts niedrig halten.

Aber es ist wichtig zu entscheiden, wie tief man gehen kann, ohne den Tiefpunkt zu erreichen. Sie müssen herausfinden, wie tief Sie gehen können, ohne Schulden und große Verluste zu machen. Sie sollten keine Bedenken haben, anfängliche Verluste zu machen, wenn Sie im Gegenzug langfristige Kunden bekommen.

Aber wie bestimmt man den Lebenswert eines Kunden?

Versichern Sie Ihre Stammkunden und stellen Sie sicher, dass Sie Maßnahmen ergreifen, um sie dazu zu bewegen, sich an Ihre besondere Marke zu halten. Penetration Pricing ist nützlich, wenn Sie einen bleibenden Eindruck hinterlassen wollen. Sie kann auch unter Umständen nützlich sein, wenn viele neue Akteure auf den Markt springen.

Ihr Produkt sollte das letzte "klebrige Produkt" sein, das der Kunde fallen lassen kann. Online-Broker zum Beispiel sind viel bequemer, als wenn sie einmal angeschlossen sind, die Leute denken nicht einmal über Alternativen nach.

Eine andere Möglichkeit, sicherzustellen, dass der Kunde zurückkommt, besteht darin, ein außergewöhnliches Produkt herzustellen. Beim Online-Verkauf von Büchern zum Beispiel würde ein großartiges Buch mit einem guten Preis sofortige Popularität garantieren.

 DER PERFEKTE PREIS

Amazon.com zum Beispiel ist aufgrund seiner hoch subventionierten Tarife der führende Akteur unter den Online-Buchhandlungen. Obwohl diese Marketing-Taktik sie viele tausend Dollar hätte kosten können, ist es ihnen gelungen, einen soliden Kundenstamm zu schaffen, dem sie nun vertrauen können.

Ein weiteres praktikables Beispiel aus dem wirklichen Leben ist, wie Unternehmen, die Rasiermaschinen herstellen, auf die Idee kommen, dass es viel profitabler wäre, Rasierklingen als Griffe weiterzuverkaufen, und der Rest ist, wie man sagt, Geschichte.

 DER PERFEKTE PREIS

Preise je nach Produkttyp

Den richtigen Preis für Ihr Produkt zu finden, ist der Schlüssel zum Erfolg, sowohl auf lange als auch auf kurze Sicht. Der richtige Preis für Ihr Produkt läge zwischen den Kosten und dem Preis, den ein Kunde bereit ist, für Ihre Dienstleistungen zu zahlen. Die Kosten würden Rohstoffkosten und andere fixe und variable Kosten umfassen, die bei der Herstellung anfallen. So sehr, dass sich dadurch auch Ihre Gewinne verdoppeln oder verdreifachen können. Ihre Produkte werden technisch in eine von zwei Kategorien fallen:

Waren: In diesem Bereich gibt es viel Wettbewerb, denn die Produkte der verschiedenen Spieler auf dem Spielfeld sind die gleichen, es ist nur der Preis, um den sie konkurrieren. Sie müssen sehr scharf und ständig wachsam sein. Wie kompetent und

effizient Sie sind, ist das Einzige, was Sie auszeichnet. Etwas Spielraum wird die Dinge wieder durcheinander bringen.

Proprietäre Produkte: Dies sind authentische Produkte. Echte und eigenständige Besonderheiten. Sie konkurrieren mit den anderen Akteuren auf dem Markt aufgrund der besonderen Stärken Ihrer Dienstleistungen. Wenn Sie gut genug sind und es brauchen, können Sie einen Preis festlegen, der Ihnen den besten Gewinn garantiert.

Der Markt im Internet verändert sich schnell. Um auf dem Laufenden zu bleiben, müssen Sie Ihre Preise aufgrund neuer Konkurrenz, veränderter Nachfrage usw. möglicherweise häufig ändern.

Dann gibt es bestimmte Produkte wie Computer-Hardware, die Waren und Eigentum sind. Die Computersysteme werden ständig verbessert und immer ausgefeilter, und der Wettbewerb ist hart. Es handelt sich um ein proprietäres Produkt in dem Sinne, dass ein Macintosh aufgrund der zusätzlichen Funktionen, die er bietet, immer noch viel teurer sein kann als ein normales Windows-System.

Doch egal, was Sie tun, Sie können es sich nicht leisten, einen falschen Preis auf Ihr Produkt zu setzen, da dies den sofortigen Tod auf dem Markt bedeuten kann.

Preiskämpfe gehören heute zum Alltag jeder Organisation. Um zu überleben, müssen Sie ständig wachsam sein und Ihre Versprechen einhalten. Wenn auch nur ein Wettbewerber seine Preise senkt, müssen alle das Gleiche tun. Aber wenn Sie es nicht tun werden, dann müssen Sie genügend Gründe haben, standhaft zu bleiben. Ein solider

DER PERFEKTE PREIS

Kundenstamm, der bei Ihnen bleibt, egal was ein guter Grund sein kann.

 DER PERFEKTE PREIS

Preisstrategien, die den Gewinn verbessern

Preisstrategien sind ein manchmal übersehener Teil des Marketing-Mix. Sie können einen großen Einfluss auf die Gewinne haben, deshalb sollten sie die gleiche Beachtung finden wie Promotion- und Werbestrategien. Ein höherer oder niedrigerer Preis kann sowohl die Bruttomargen als auch das Verkaufsvolumen dramatisch verändern. Dies wirkt sich indirekt auf andere Ausgaben aus, z.B. durch die Senkung der Lagerkosten oder durch die Schaffung von Möglichkeiten für Mengenrabatte bei Lieferanten.

Auch andere Faktoren bestimmen Ihre optimale Preisstrategie. Bedenken Sie die fünf Kräfte, die andere

Geschäftsentscheidungen beeinflussen: Ihre Konkurrenten, Ihre Lieferanten, die Verfügbarkeit von Ersatzprodukten und Ihre Kunden. Auch die Positionierung, wie Sie von Ihrem Zielpublikum wahrgenommen werden wollen, ist eine Überlegung wert. Wenn beispielsweise der Preis eines Premiumartikels zu niedrig ist, werden die Kunden die Qualität nicht für gut genug halten. Legen Sie umgekehrt einen zu hohen Verkaufspreis in den Wertelinien fest, und die Kunden werden preiswertere Artikel von der Konkurrenz kaufen.

Einige zu berücksichtigende Preisstrategien sind:

- Wettbewerbsfähige Preisgestaltung

Ihre Preise im Verhältnis zu Ihren Konkurrenten zu halten, ist die beste Art, Geschäfte zu machen. Achten Sie auf den Preis, den Ihr Konkurrent neben Ihren

Produkten hat, und dann auf die Preise, die ähnlich oder niedriger sind als Ihre.

- Kosten plus Zuschlag

Die vollständige Umkehrung des obigen taktischen Modus zielt darauf ab, Ihre Preise nach Ihrem Wunsch festzulegen, entsprechend dem Prozentsatz des Gewinns, den Sie behalten wollen, und nicht nach dem Markt. Aber so wie dies den Vorteil hat, durch billige Preise viel zu verdienen, kann dies unter bestimmten Umständen auch negativ wirken. Überlegen und entscheiden Sie also klug, bevor Sie den Preis festlegen.

- Verlustleiter

Eine andere wirksame Strategie, um Kunden anzuziehen und den Umsatz erheblich zu steigern, besteht darin, relativ billige Artikel zu einem niedrigeren Preis an Kunden zu verkaufen, die das Potenzial haben, teurere

Dinge zu kaufen. Aber dies ist eine relativ vorübergehende Regelung und kann oft ein Glücksspiel sein.

- schließen

Dies ist eine interessante Technik, die Sie ausprobieren sollten, wenn Sie Ihren Bestand reinigen. Bei dieser Methode werden Ihre zusätzlichen Produkte zu extrem günstigen Preisen verkauft, um Verluste zu vermeiden.

- Mitgliedschafts- oder Handelsrabatt

Lernen Sie Ihre Kunden kennen. Machen Sie eine kurze Liste der Personen, die davon profitieren können, und machen Sie ihnen Sonderangebote, damit sie am Ende dazu verleitet werden, mehr von Ihnen zu kaufen und auch immer wieder zurückzukommen. Reduzieren Sie also die Preise, bieten Sie Rabatte an und tun Sie alles, was nötig ist, damit sie wieder in Ihr Geschäft kommen.

 DER PERFEKTE PREIS

- Pakete und Mengenrabatte.

Einfach plus eins gratis funktioniert auch sehr gut. Bieten Sie also ausgewählten Kunden einen erheblichen Preisnachlass bei Großeinkäufen, unabhängig davon, ob es sich um die gleiche Art von Hemden, wie z.B. 5 Hemden, oder ähnliche oder verwandte Artikel handelt. Und um Verluste zu vermeiden, legen Sie Angebote auf alte Lagerbestände oder bilden Sie mit alten Lagerbeständen ein neues, um überschüssige Waren zu entfernen.

- Versioniert

Verschiedene Versionen desselben Basisprodukts anzubieten und dann niedrigere Preise für die einfacheren Modelle zu verlangen, ist eine gute Möglichkeit, diese Modelle nicht nur für den

 DER PERFEKTE PREIS

Durchschnittsbürger loszuwerden. Sie können aber auch Angebote als kostenlose Dienstleistung für einen bestimmten Zeitraum mit den höherpreisigen Angeboten verknüpfen, um einen Anreiz für Kunden zu schaffen, mehr zu kaufen. Fahren Sie also fort und nutzen Sie diese Taktiken, um den Gewinn zu erzielen, den Sie sich schon immer gewünscht haben.

 DER PERFEKTE PREIS

Preise überfliegen als Preisstrategie

Von allen Marketingstrategien, die Sie in Ihrem Unternehmen einsetzen werden, ist die Preisstrategie eine der wichtigsten. Neben der Wahl des richtigen Produkts, intelligentem Marketing und einem soliden Absatzplan bestimmt die richtige Preisstrategie Ihren Umsatz und Ihren Marktanteil. Im Allgemeinen verwenden Ihre Branchenführer die Abschöpfung des Marktes als Preisfindungstechnik.

Die Strategie eines Computerherstellers besteht darin, etwa alle 8 Monate einen neuen Laptop zu entwickeln. Sie reduziert den Preis älterer, unverkaufter Modelle (in ihrer Reifephase) und hält den Preis neuer Laptops (in ihrer Einführungsphase) höher.

 DER PERFEKTE PREIS

Neue Laptops werden aufgrund ihrer neuen Funktionen einen höheren Preis verlangen.

Daher senkt der Hersteller den Preis (oder senkt den Markt) in verschiedenen Phasen: Einführung, Wachstum, Reife und Rückgang. Sie erhält den maximalen Nutzen durch den höheren Preis, den jede dieser Stufen fordert.

Diese Strategie wird in einem großen Markt mit genügend Käufern mit einer hohen Nachfrage nach Produkten oder Dienstleistungen und einem Unternehmen mit einer niedrigen Kostenstruktur funktionieren. Im obigen Beispiel mit den Laptops ist die Nachfrage hoch, es gibt viele wiederkehrende Käufer mit einer Branche, die eine niedrige Kostenstruktur hat, die durch Technologie ermöglicht wird.

Die Herausforderung für das Unternehmen ergibt sich nun aus der Tatsache, dass es auf diesem Markt eine ganze Reihe von

 DER PERFEKTE PREIS

Konkurrenten gibt. Wenn alle diese Konkurrenten über eine komplette Linie ähnlicher Produkte mit einem variablen Lebenszyklus verfügen, wird es für die Käufer äußerst schwierig sein, das Produkt in Bezug auf Qualität, Service oder Preis-Leistungs-Verhältnis zu beurteilen.

Angesichts einer Flut von ähnlich aussehenden Produkten wird sich der Käufer für einen Laptop mit maximaler Ausstattung zum niedrigsten Preis entscheiden. Und wenn Ihr Unternehmen nicht dasjenige mit dem niedrigsten Preis ist, können Sie Ihren Ruf als Marke schädigen, da es den Anschein haben wird, dass Sie die Produkte überteuert haben, was letztendlich zu einem Umsatzrückgang führt.

Bevor Sie sich für eine Preisstrategie entscheiden, sollten Sie zunächst den Markt sorgfältig studieren. Sie sollten eine klare Vorstellung vom Verhalten der Kunden

haben und wissen, wie die Wettbewerber agieren oder reagieren werden. Und diese Strategie sollte bei ihrer Umsetzung kontinuierlich getestet werden, um sicherzustellen, dass sich die Faktoren, die zu dieser Strategie geführt haben, nicht im Laufe der Zeit mit den sich ändernden Marktbedingungen verändert haben.

 DER PERFEKTE PREIS

Ist die psychologische Preisgestaltung eine wirksame Strategie?

Der Preis hat eine damit verbundene psychologische Bedeutung. Die Käufer glauben, wenn ein Produkt einen hohen Preis hat, dann ist es wertvoller. Obwohl dieser Glaube eher psychologisch als realitätsbezogen ist, macht er die materiellen Grundlagen der Preisgestaltung effektiver als das Produkt selbst.

Interessanterweise werden jedoch die Entscheidungen des Käufers rationaler, wenn er beginnt, die Beschaffenheit des Produkts gründlicher zu untersuchen, und der höhere Preis nicht mehr das Maß für den Wert des Produkts ist. Ein gutes Beispiel, wo die

 DER PERFEKTE PREIS

Bei psychologischen Preisen neigen die Käufer eher zu Preisen, die in ungeraden Zahlen wie $9, $99 enden, weil sie glauben, dass sie ein besseres Angebot erhalten, als wenn die Preise in geraden Zahlen wie $20, $66 usw. enden würden.

Wenn die Produkte in einer "Preisspanne" wie bei Online-Auktionen liegen oder einen Preis in einer ungeraden Spanne von 199,00 $ haben, dann werden die Produkte als wertvoller als eine 200,00 $-Liste angesehen. Ein solches Verbraucherverhalten führt dazu, dass Preise in einem ungeraden Bereich im Allgemeinen als besseres Angebot angesehen werden. Daher ist es wichtig, sicherzustellen, dass Sie den richtigen Preis und die richtige Strategie für das Produkt gewählt haben.

Ein weiteres Beispiel für psychologische Preisgestaltung ist die Referenzpreisgestaltung. Von

Referenzpreisen spricht man, wenn sich Käufer psychologisch auf einen Preis beziehen, da sie direkt ihre Beziehung zum Preis eines Produkts widerspiegeln. Bei hochwertigen Produkten, wie z.B. Luxusgütern, ist der Referenzpreis sehr einflussreich und ein ganzes Unternehmen kann auf dieser Grundlage kapitalisiert werden.

Bei der Positionierung der Preise ist jedoch Vorsicht geboten, da die Strategie kontraproduktiv sein kann, wenn der Käufer der Meinung ist, dass das Produkt es nicht verdient, in diese Kategorie eingestuft zu werden. Wenn das Produkt die Eigenschaften aufweist, die einen ego-sensiblen Käufer ansprechen, ist der Referenzpreis eine geeignete Preisstrategie.

Ein Beispiel dafür sind hochwertige Luxusgüter, die ego-sensible Käufer ansprechen. Damit der Referenzpreis erfolgreich sein kann, müssen Sie

 DER PERFEKTE PREIS

sicherstellen, dass der von Ihnen festgelegte Preis für ein Produkt aus allen Blickwinkeln und unter allen Gesichtspunkten, einschließlich Ihres eigenen, am besten angepasst wird.

Stellen Sie sicher, dass der gewählte Preis zum Produkt passt und dass der Preis getestet wurde, bevor das Produkt auf dem Zielmarkt eingeführt wird. Sie sollten auch den Einfluss verschiedener Marktelemente auf das Preisschild berücksichtigen. Das Produkt sollte für eine psychologische Preisstrategie geeignet sein, das Werbeprogramm sollte der Preisstrategie angemessen sein, und die Vertriebskanäle sollten mit dem Preis synchronisiert sein und die Kosten des Produkts selbst nicht negieren.

 DER PERFEKTE PREIS

Preise für Marktdurchdringung

Eine Schnellpreisstrategie, die davon ausgeht, dass das Verkaufsvolumen steigt, wenn ein Objekt einen niedrigen Preis hat, was wiederum die Gesamtkosten senkt, wird als Markteintrittspreise bezeichnet. Dies ist eine nützliche Strategie, die in preissensiblen Märkten eingesetzt werden kann. Denken Sie beispielsweise an den Markt für DVD-Player; dies ist ein Markt, auf dem ein hohes Verkaufsvolumen, aber auch eine große Anzahl von Wettbewerbern vorhanden ist.

Die Produktionskosten von DVD-Playern sind drastisch gesunken, und die sich ständig weiterentwickelnde Technologie hat die rasche Einführung neuer Funktionen und Vorteile bei neuen Modellen ermöglicht.

Unternehmen, die für DVD-Player Gebühren erheben und große Mengen zu niedrigen oder vernünftigen Preisen verkaufen, verfolgen eine Strategie der Marktdurchdringung.

Unternehmer, die Preise für die Marktdurchdringung verwenden, versuchen im Allgemeinen, einen Markt für ihre Marke aufzubauen und dabei in den Markt für das Produkt als Ganzes einzudringen. Alle Berechnungen basieren auf der Annahme, dass der niedrigste Preis den größten Marktanteil gewinnen wird. Aber es ist sehr wichtig, Ihren Markt, seine Preissensibilität und seine Elastizität oder Unelastizität zu bewerten, bevor Sie diese Preisstrategie anwenden.

Ein gewisses Maß an Marktforschung ist auch notwendig, damit Sie verstehen und vorhersehen können, wie Ihre Konkurrenten auf diese durchdringende Preisstrategie reagieren werden. Wenn zum Beispiel Ihr

niedriger Preis Ihren Konkurrenten veranlasst, den Preis ebenfalls zu senken, dann führt Sie das in eine Sackgasse, denn dann senken Sie Ihren Preis erneut, was eine ähnliche Reaktion von ihm auslöst, und das wird so weitergehen und niemand wird gewinnen.

Es stimmt zwar, was oben gesagt wurde, aber es stimmt auch, dass Ihre Preisstrategie für den Markteintritt neue Wettbewerber, die einen Markteintritt erwägen, abschrecken kann. Das Risiko für einen Neueinsteiger, einen bedeutenden Marktanteil zu gewinnen, ist extrem hoch, und wenn sie bedenken, wie niedrig ihr Preis ist, werden sie erkennen, dass ihre Gewinnspanne gering sein wird, und daher die Risiken bedenken, die sie eingehen könnten, wenn sie nicht in den Markt eintreten.

Aber um mit dieser Strategie Erfolg zu haben, müssen Sie bereit sein, die Größenvorteile zu nutzen, die ein hohes

 DER PERFEKTE PREIS

Umsatzvolumen mit sich bringt, und der preisgünstigste Anbieter auf dem Markt zu sein. Wenn Sie ein bestehendes Unternehmen haben und Ihr Konkurrent eine Markteintrittsstrategie verfolgt, sollten Sie die gleiche gründliche Recherche und Bewertung des Marktes und Ihrer eigenen Fähigkeiten durchführen:

- Ist es für Sie machbar, Ihre Kosten zu senken?

- Können Sie sicher sein, dass Sie große Mengen produzieren werden?

- Können Sie das Risiko eingehen, Ihr Produkt zu einem niedrigen Preis zu verkaufen (und erwarten, dass das Verkaufsvolumen Ihnen den gewünschten Marktanteil und die gewünschte Rentabilität bringt)?

 DER PERFEKTE PREIS

Wenn Sie alle diese Fragen verneinen, sollten Sie diese Penetrationsstrategie vor der Anwendung sehr sorgfältig prüfen und, wenn Sie sich immer noch nicht sicher sind, die Strategie nicht befolgen.

Wenn Sie jedoch ein neuer Unternehmer sind, der diese Strategie in einem neuen oder dünn besiedelten Markt mit geringem Wettbewerb in Betracht zieht, dann konzentrieren Sie sich darauf, wie Sie Ihre Kosten senken und Ihre Effizienz steigern können.

Für welche Preisstrategie Sie sich auch immer entscheiden, achten Sie darauf, diese in Ihrem Marketing-Mix-Plan mit den Gründen für Ihre Wahl anzugeben.

Bewerten Sie die von Ihnen gewählte Marketingstrategie, einschließlich Ihrer Preisstrategie, mindestens einmal jährlich bei der Aktualisierung Ihres Geschäftsplans und vergewissern Sie sich, dass es die richtige Strategie für Ihr Produkt angesichts der Marktbedingungen und für Ihre Verbraucher und Konkurrenten ist.

 DER PERFEKTE PREIS

Aktionspreise

Bei der Einführung eines neuen Produkts werden in der Regel Aktionspreise verwendet. Sie wird verwendet, um die Nachfrage nach Produkten mit Nachholbedarf zu stimulieren. Die Käufer des Zielpreises sind in der Regel diejenigen, die nach dem Geschäft suchen.

Einige Beispiele für diese Werbeveranstaltungspreise gelten für besondere Veranstaltungen.

Sie sind in der Regel für bestimmte Ereignisse vorgesehen, die Weihnachten oder Ostern sein können.

Beim Kauf eines Eigenheims gibt es Rabatt- oder Bonusprogramme. Manchmal bietet der

 DER PERFEKTE PREIS

Verkäufer einen Umzugszuschuss oder den Ersatz von Teppichboden oder Renovierungszuschuss oder eine Rückerstattung für das gesamte Bargeld an, ohne dass es Probleme mit der Finanzierung oder dem Kauf von großen Gegenständen wie Autos gibt. Es gibt viele Geschäfte, die nicht für Zinsfinanzierungsdarlehen für ihre gekauften Möbel werben würden.

Der Autohändler bietet diese Preisprogramme auch für seine Vorjahresmodelle an.

Diese Verkaufsstrategien waren sehr erfolgreich, aber bei der Anwendung dieser Strategien sollten Sie vorsichtig sein, denn die Kunden werden immer sensibler für den wahren Wert der Strategien. Eine andere Phasierungsstrategie, die zu funktionieren scheint, besteht darin, eine zu kaufen und eine gratis zu bekommen oder zwei zum Preis von einer zu bekommen.

 DER PERFEKTE PREIS

Dies ist möglich, wenn die Kosten für das Produkt niedrig sind, bei einer gesunden Gewinnspanne und auch im Falle einer Lagerüberlastung. Ein weiterer wichtiger Modus kann der Zahlungsmodus sein, bei dem es sich um die verlängerte Zahlungsfrist handelt.

Sie müssen eine Anzahlung leisten und über einen bestimmten Zeitraum zahlen. Sie können das Produkt nur gegen Bezahlung erhalten. Dies ist in der Renovierungs- und Bauindustrie sehr üblich, da die Zahlung zunächst als anfängliche Kosten, dann nach der Hälfte des Projekts und später während der Fertigstellung des Projekts erfolgt.

Manchmal die Garantie einer kostengünstigen oder kostenlosen Hilfe bei diesen Geschäftsstrategien. Ein gutes Produkt hat in der Regel keine Rückgabemöglichkeit und ein Kunde ist

überzeugt. Daher haben diese Strategien eine positive Wirkung. Die übermäßige Anwendung dieser Strategien hat zu Skepsis bei den Kunden geführt. Sie suchen die Realität in dem Geschäft. Der am häufigsten verwendete Werbepreis ist der "Geschäftsschluss"-Verkauf.

Dieser Verkauf kann irreführend sein, da er trügerisch sein kann. Es handelt sich um eine Verlagerung desselben Unternehmens. Als Kunde sollten Sie wissen, dass Sie bei einem solchen Schema nicht irregeführt werden. Es gibt immer noch viele wirksame Programme zur Preisförderung, also seien Sie klug, wie Sie Ihre Preisstrategien entwickeln.

 DER PERFEKTE PREIS

Wettbewerbsfähiger Preis

Um festzustellen, ob Ihre Artikel zu hohe Preise haben oder nicht, tun Sie das, was Ihr Kunde tut. Suchen Sie im Web.

Nehmen Sie eines Ihrer Produkte und durchsuchen Sie das Internet. Vergleichen Sie die Preise mit anderen, dies wird Ihnen helfen, wenn Sie mehr verkaufen wollen. Es ist ganz einfach, Sie brauchen nur den Namen zu schreiben und um einen Preisvergleich zu bitten. Je nach Artikel, den Sie verkaufen, und je nach Marktsättigung kann dies etwas dauern. Dies würde einen wichtigen Einblick liefern, der Ihrem Unternehmen helfen und Sie wissen lassen würde, womit Sie es zu tun haben.

 DER PERFEKTE PREIS

Vielleicht können Sie Ihr Produkt differenzieren und Ihre Kunden davon überzeugen, bei Ihnen zu kaufen. Beginnen Sie damit, Ihre Kosten zu reduzieren. Das hilft immer. Wenn Sie die Möglichkeit sehen, Ihre Preise noch weiter zu senken, tun Sie es. Sie werden feststellen, dass Ihr Artikel zum "niedrigsten Preis im Web" wird! Niedrige Kosten helfen Ihnen beim Kauf, und dies wird den Unterschied in der Preisreduzierung ausgleichen.

Garantieren Sie eine Preisanpassung. Lassen Sie Ihre Kunden wissen, dass Sie jeden Preis erreichen werden und dass er nicht billig verkauft werden wird. Sobald der Kunde da ist, lassen Sie ihn mit dem Kauf fortfahren. Sie können ihnen auch kostenlosen Versand anbieten. Falls Ihr Artikel mehr kostet als der des Mitbewerbers, können Sie kostenlosen Versand anbieten, da Ihr Artikel dann zum Zeitpunkt der Zahlung die niedrigsten Kosten hat.

DER PERFEKTE PREIS

Kostenloser Versand wird als Bonus für jeden Käufer hinzugefügt. Dieses Wort macht einen großen Unterschied, ob Sie endlich den Verkauf tätigen oder nicht. Wenn Sie zufällig einen Kunden verlieren, liegt das daran, dass der Kunde von den Kosten des Artikels nicht überzeugt ist. Um Ihre Kunden davon zu überzeugen, dass Ihr Produkt die Kosten wert ist und sich der Kauf definitiv lohnt, ist es daher wichtig, dass Sie bestimmte Änderungen vornehmen.

Die Kosten sind nicht der einzige, sondern einer der wichtigsten Faktoren, die den Kauf beeinflussen. Wenn Sie also Ihrem Kunden einen besseren Kauf ermöglicht haben, falls es sich lohnt, wird es Ihnen helfen, einen Vorteil gegenüber dem Rest der Konkurrenz zu haben.

 DER PERFEKTE PREIS

Bieten Sie Rabatte als Teil Ihrer Preisstrategie an

Der Preis von Waren ist schwierig. Es gibt keine einzige Zauberformel, die über den besten Preis für ein Produkt entscheidet. Es gibt keine einfache Strategie, aber es können bestimmte Schritte unternommen werden, um die Preispolitik effektiver zu gestalten. Es ist schwierig, bei Preisentscheidungen sicher zu sein; man kann sich nur auf sein eigenes Urteilsvermögen verlassen. Aber selbst wenn Sie das tun, sind die Entscheidungen nie ganz zufriedenstellend.

Die Preisgestaltung von Waren oder Dienstleistungen ist eine der wichtigsten in der Wirtschaft. Der Preis von Produkten muss so festgelegt werden, dass die beabsichtigten Kunden bereit sind, diesen

DER PERFEKTE PREIS

Betrag zu zahlen, und auch ein Preis, der dem Unternehmen oder dem Betrieb Gewinn bringt, wird nicht lange Bestand haben.

Es gibt verschiedene wissenschaftliche und nichtwissenschaftliche Ansätze zur Preisgestaltung. Im Folgenden finden Sie einen Rahmen für Preisentscheidungen, der Ihre Kosten, die Auswirkungen des Wettbewerbs und die Wertwahrnehmung des Kunden berücksichtigt.

Die Preispolitik bleibt als Teil des Marketings manchmal unbemerkt. Sie können erhebliche Auswirkungen auf die Gewinne haben, daher sollten sie die gleiche Beachtung finden wie Promotion- und Werbetaktiken. Preisschwankungen können sowohl die Bruttomargen als auch das Verkaufsvolumen erheblich verändern. Dies führt zu indirekten Auswirkungen auf andere Ausgaben, z.B. durch Senkung der Lagerkosten oder durch die Schaffung von Möglichkeiten für Mengenrabatte bei Lieferanten.

 DER PERFEKTE PREIS

Ihre Preisstrategie berücksichtigt möglicherweise Verbraucherrabattangebote, die Ihnen einen kommerziellen Vorteil verschaffen.

Sie können Kunden, die prompt zahlen, Skonti anbieten. Daher belohnt dieses System diejenigen, die dem Unternehmen helfen, einen positiven und stetigen Cashflow aufrechtzuerhalten und die Kosten für die Krediteintreibung zu senken.

Mengenrabatte für Großaufträge sind wirtschaftlich sinnvoll, wenn die Kosten pro Einheit für den Verkauf oder die Lieferung eines Produkts mit steigender Menge sinken. Ein Lieferant kann beispielsweise eine Bestellung von 12 Dutzend Cupcakes für einen Kunden zu 10 Cent pro Stück ausführen, während Cupcakes im Bäckereiregal den ganzen Tag über für 20

 DER PERFEKTE PREIS

Cent pro Stück an mehrere Kunden verkauft werden können.

Dies geschieht, weil die Chance besteht, dass einige der Cupcakes nicht verkauft werden. Kosten sind auch damit verbunden, den Laden für zufällige Kunden geöffnet zu halten. Es gibt Kosten im Zusammenhang mit der Eröffnung des Geschäfts für die Bequemlichkeit von Zufallskunden.

Saisonale Rabatte belohnen tatsächlich Kunden, die einem Unternehmen im Wesentlichen dabei helfen, seinen Cashflow auszugleichen und die Produktionsanforderungen zu erfüllen.

Rücknahmeentschädigungen für zurückgegebene alte Produkte, die man wiederverwenden oder gewinnbringend weiterverkaufen kann, kommen sowohl dem Unternehmen als auch den Verbrauchern zugute.

 DER PERFEKTE PREIS

Fördermittel sind oft wirtschaftlich sinnvoll. Wenn Ihr Produkt beispielsweise von einer Einzelhandelskette, die Ihr Produkt auch verkauft, bei Werbekampagnen oder Promotion-Aktionen eingesetzt wird, verstärkt dies letztendlich Ihre Marketing-Bemühungen. Wenn dies der Fall ist, können Sie sich dafür entscheiden, der Handelskette, die dies tut, einen Preisnachlass zu gewähren.

 DER PERFEKTE PREIS

Alternative Preisstrategien

Der Preis ist zweifelsohne einer der wichtigsten Faktoren in Ihrer Marketingmix-Strategie. Der richtige Preis kann Ihr Produkt zu einem Erfolg oder Misserfolg auf dem Markt machen. Die bei der Vermarktung Ihres Produkts zu berücksichtigenden Faktoren sind die folgenden:

- Es muss von höchster Qualität sein.
- Es muss Merkmale aufweisen, die Ihre Käufer benötigen oder wünschen.
- Es muss sich von dem unterscheiden, was Ihre Konkurrenten zu bieten haben.
- Sie muss eine gute Kostenstruktur haben.
- Sie müssen auch auf eine starke Werbekampagne achten.

 DER PERFEKTE PREIS

- Unter Berücksichtigung dieser Faktoren ist es wichtig, die Preisstrategie so festzulegen, dass sie Ihnen hilft, Ihr Produkt erfolgreich auf dem Markt zu verkaufen.

Nachstehend finden Sie einige alternative Preisstrategien:

1. Generische oder wirtschaftliche Preisgestaltung: Bei dieser Strategie zieht der niedrige Preis den Käufer an. Dies ist typisch für Gattungs- oder Sparmarken. Damit diese Strategie erfolgreich sein kann, muss sie eine niedrige Kostenstruktur, ein Mindestmaß an Funktionen und Förderung aufweisen. Gleichzeitig sollten Sie sicher sein, dass Sie von einigen soliden und stabilen Vorteilen profitieren werden.

2. Differenzierte Preisgestaltung: Bei dieser Methode geht es darum, den Preis je nach Käufertyp festzulegen (z. B. wird der Preis

 DER PERFEKTE PREIS

für ein Online-Geschäft, ein Einzelhandelsgeschäft und ein Kaufhaus unterschiedlich sein); nach geographischem Gebiet (die Preise können in Kalifornien höher sein als in Illinois); nach gekaufter Menge (eine Person, die große Mengen kauft, erhält einen anderen Preis als eine Person, die eine kleine Menge kauft); auf der Grundlage des Segments des nationalen Kontos (der einem nationalen Konto in Rechnung gestellte Preis wird von dem Preis abweichen, der einem lokalen Konto in Rechnung gestellt wird). Denken Sie daran, dass es einen triftigen Grund für die unterschiedliche Preisgestaltung geben muss.

3. Premium Pricing: Diese Strategie ist anwendbar für Luxus- oder High-End-Güter, wie z.B. teuren Schmuck, Yachten, Flugzeuge, Immobilien usw. Sie können diese Strategie anwenden, wenn der Markt Ihr Produkt als Luxus- oder Premiumartikel anerkennt.

4. Preise von Eigenbedarf oder ergänzenden Produkten: Diese Strategie kann auch an die Preise der Produktlinien angepasst werden. In diesem Fall werden die Produkte als Begleiter gruppiert und entsprechend bepreist. (Zum Beispiel ein Mixer und eine Schüssel). Sie betrachten die Produkte auch als Gefangene (z.B. ein Rasiermesser, das nur mit einer bestimmten Klinge ausgestattet werden kann). Diese Produkte sind oft in einer einzigen Verpackung verpackt. (z.B. können die Klingen mit dem Rasierer verpackt werden). Die Preise dieser Produkte außerhalb einer Verpackung sind in der Regel höher.

Denken Sie daran, Ihre Produkte sorgfältig zu prüfen, bevor Sie sich für eine bestimmte Preisstrategie entscheiden.

 DER PERFEKTE PREIS

Die attraktivsten Angebote

Die Zeiten, in denen Männer auf Gillette schworen und Frauen nicht weiter als bis Guerlain blickten, sind vorbei. Es gibt nur selten Monopole auf dem Weltmarkt, und jedes Produkt in der Wirtschaft hat einen Konkurrenten, einen Ersatz, der ständig versucht, den anderen zu übertreffen. Die häufigste Grundlage für den Wettbewerb auf diesen Mehrproduktmärkten ist der Preis.

Im Allgemeinen fühlen sich die Verbraucher von den Artikeln angezogen, die beim Kauf weniger kosten als ihr Ersatz. Da es hauptsächlich differenzierte Produkte gibt, ist die Gesamtqualität mehr oder weniger gleich.

 DER PERFEKTE PREIS

Aus der Sicht des Herstellers besteht jetzt die einzige Möglichkeit, den Preis seines Produkts zu senken, darin, seine Kosten zu reduzieren. Aber Produktionsmethoden können nicht geändert werden, ohne die Qualität zu verändern. Und es versteht sich von selbst, dass, wenn man die Kosten senken muss, sicherlich auch die Qualität abnehmen wird. Eine andere Möglichkeit wäre, den Produktionsumfang zu erhöhen. Aber das dauert sehr lange. Daher ist eine andere Maßnahme mit sofortiger Wirkung erforderlich.

Supermärkte und Großhändler verwenden eine typische Methode der Preisgestaltung, die so genannte Blockpreisbildung. Wenn ein Verbraucher auf ein Schild stößt, auf dem steht: "Milch - 1 Gallone $ 3,00; 4 Gallonen $ 10,00", kommt er automatisch zu der kalkulierten Feststellung, dass er eine Art Gewinn erzielt, indem er zwei Dollar weniger zahlt, wenn er sie in großen Mengen kauft.

 DER PERFEKTE PREIS

Damit ist die Mission erfüllt. Obwohl der Großeinkauf von Produkten offensichtlich die Kosten für die Verbraucher senkt, wäre Ihre Ausgabegewohnheit anders, wenn Sie 1 Gallone Milch zur Verfügung hätten, anstatt 4 Gallonen auf einmal.

Eine andere Möglichkeit, die Aufmerksamkeit des Käufers zu erregen, besteht darin, intelligente Angebote zu machen. Jeder versteht das Konzept der **FREIHEIT**. Es ist ein kurzes Wort, aber es kann große Dinge bewirken. Normalerweise kaufen Sie Conditioner mit Shampoos, Kittel mit Seife und Socken mit Schuhen. Wenn Sie also eine große Flasche Shampoo kaufen und eine kleine Flasche Spülung **KOSTENLOS** bekommen, könnte das viele Käufer anlocken.

Bei Restaurantbuffets wird ein Festpreis pro Person für die Mahlzeiten berechnet. Das bedeutet, dass die Person, die Suppe, Huhn Kiew und Dessert isst, dasselbe bezahlt wie

 DER PERFEKTE PREIS

die Person, die nur Huhn und Dessert isst. Das mag für Person 1 unfair klingen, aber immerhin hat sich niemand geweigert, ihm Suppe zu servieren.

Daher ist der Preis zwar ein Faktor, aber in erster Linie eine psychologische Schlacht, bei der der Kunde mit vielen Optionen konfrontiert wird.

　DER PERFEKTE PREIS

Wertorientierte Preisgestaltung

Der Preis eines Produkts auf der Grundlage seines Werturteils ist äußerst wichtig. Kundenpräferenzen, Produktvorteile, Firmenimage, Bequemlichkeit und Produktqualität sind alles subjektive Kriterien, die einer Organisation helfen, die Wahrnehmung des Kunden über den Wert ihres Produktes oder ihrer Dienstleistung zu verstehen.

Was die Kunden wollen, ist entscheidend.

Sparen sie durch den Kauf Ihres Produkts Geld oder Zeit? Gibt es einen Wettbewerbsvorteil, den sie durch die Nutzung Ihrer Dienstleistung erlangen?

 DER PERFEKTE PREIS

Welche Wahlmöglichkeiten haben sie? Ist es für sie bequem, Ihre Dienstleistung in Anspruch zu nehmen, anstatt es selbst zu tun? Was genau verlangt die Konkurrenz?

Der maximale Preis, den der Kunde für den erhaltenen Nutzen zahlen wird, kann unter Berücksichtigung der oben genannten Punkte verstanden werden.

Einige wertbasierte Preisstrategien sind unten aufgeführt. Sie berücksichtigen den Break-even-Punkt, beziehen aber neben den Zahlen auch subjektive Urteile ein.

1. Gleicher Preis wie bei Konkurrenten: Dieser wird verwendet, wenn die Preise für eine Ware im Allgemeinen gut etabliert sind (wie z.B. professionelle Dienstleistungen) oder wenn es keine andere Möglichkeit der Preisfestsetzung gibt. Die Herausforderung besteht also darin, herauszufinden, wie die Kosten gesenkt werden können, um im

Vergleich zu den Wettbewerbern höhere Gewinne zu erzielen.

2. Festlegung eines niedrigen Preises: Dies geschieht nur, um eine große Anzahl von Kunden auf dem betreffenden Markt zu gewinnen. Diese Strategie wird auch eingesetzt, um nicht-finanzielle Ziele zu erreichen, wie z.B. den Wettbewerb zu treffen, ein kostengünstiges Image zu vermitteln oder einfach das Produkt kennen zu lernen. Wenn die Rentabilität bei einem niedrigen Preis aufrechterhalten werden kann oder wenn die Verkaufszahlen akzeptabel sind, funktioniert diese Strategie und kann dann zu höheren Preisen führen.

3. Einen hohen Preis verlangen: Es ist möglich, einen hohen Preis im Verhältnis zu den Kosten für das Produkt zu verlangen, wenn es einzigartig und wertvoll für die Kunden ist. Auch der Reichtum des Zielmarktes zählt. Ein Produkt als "Prestigeprodukt" zu positionieren, würde in einem solchen Fall die Erhebung eines hohen Preises ermöglichen. Zum Beispiel haben Rolex-Uhren möglicherweise nicht so hohe Produktionskosten. Der hohe Preis bringt jedoch einen "Status"-Vorteil für den reichen Rolex-Markt.

Den Kunden zu berechnen, was sie "bereit sind zu zahlen", auch wenn es hoch ist, ist eine Strategie, die Wachsamkeit und Intelligenz erfordert. Es erfordert auch die Bereitschaft zur Veränderung, weil Kunden (wie auch Konkurrenten) entscheiden könnten, dass die Gewinne zu hoch sind. Daher beeinflussen viele Faktoren die wertorientierte Preisgestaltung, aber ein kluger Stratege kann das Beste daraus machen.

 DER PERFEKTE PREIS

Woher wissen Sie, ob Ihr Preis korrekt ist?

Wenn Ihre Preise nicht perfekt sind, kommen Sie nirgendwo hin, selbst wenn Sie das beste Produkt/die beste Dienstleistung der Welt haben. Internetfirmen verwenden drei Haupt-Preisstrategien: **POPS**, **CAPS** und **VAPS**. Wenn sie richtig umgesetzt werden, können sie den Unternehmen helfen, einen Vorteil gegenüber den anderen zu erlangen.

(POPS) PHYSIKALISCHE OBJEKT-PREISSTRATEGIE, funktioniert gut beim Verkauf eines physischen Artikels und dessen, was an Ihre Kunden versandt wird. Amazon.com und Wall-Mart fallen in diese Kategorie. Diese Unternehmen beginnen auf der Basisebene, um den Preis zu bestimmen, indem sie herausfinden, wie viel es kostet,

DER PERFEKTE PREIS

eine zusätzliche Einheit zu produzieren und zu liefern. (Dies sind die Grenzkosten).

Nehmen wir das Beispiel von Wall-Mart. Sie verkaufen Mikrowellengeräte. Wie viel würde es kosten, eine zusätzliche Einheit zu verkaufen? Um dies herauszufinden, müssten sie die Kosten herausfinden, zu denen sie bei ihren Lieferanten einkaufen, die Kosten, zu denen sie es in das Geschäft bringen und die Kosten, zu denen sie ihre Transaktion ausführen. Dann, um den Endpreis zu bestimmen, den ein Unternehmen zu den Grenzkosten hinzufügen muss.

Dies ist die Betriebsgewinnspanne:

Um den Prozentsatz herauszufinden, müssen sie ihn mit anderen ähnlichen Unternehmen vergleichen. Amazon hat einen Gewinn von 6%. Konkurrierende Einzelhändler sollten die gleiche Betriebsmarge anstreben, vorzugsweise würde eine niedrigere ausreichen. Ein Unternehmen, das einen effizienten Geschäftsprozess entwickelt, könnte seine Kosten minimieren und ihm helfen, seine Preise niedrig zu halten und gleichzeitig seine Gewinnspanne attraktiv zu halten.

KOSTEN DER BESCHAFFUNGSPREISSTRATEGIE.

POPS funktionieren gut, wenn Ihre primären Kosten die Kosten der tatsächlichen Kosten der von Ihnen gelieferten Waren sind. Aber Unternehmen, die Produkte/Dienstleistungen verkaufen, bei denen die Kosten auf Marketing basieren, das mit der Anzahl der Besucher ihrer Website zusammenhängt, können von der Verwendung von CAPS profitieren, um ihren Endpreis zu bestimmen. CAPS beantwortet im Allgemeinen zwei Schlüsselfragen.

 DER PERFEKTE PREIS

1 Wie viel wird es kosten, Menschen zum Besuch einer Website zu bewegen?

2 Wie hoch ist der Prozentsatz der Website-Besucher, die den endgültigen Kauf tätigen würden?

Die Antwort auf die erste Frage sollte durch die Antwort auf die zweite Frage geteilt werden, um dem Unternehmen seine Kosten pro Erwerb zu nennen. Daher kann die Betriebsgewinnspanne dazu addiert werden, um den Endpreis zu bestimmen.

Beispielsweise kann ein Einzelhändler feststellen, dass ein Besucher der Website im Durchschnitt 0,10 Dollar kostet, und es kann 1% der Besucher geben, die den Kauf tätigen. Von hier aus leiten wir also einfach die Kosten pro Anschaffung ab. Und wir finden heraus, wie der Endpreis aussehen sollte. Der Schlüssel liegt hier in der Minimierung der Kosten pro Anschaffung.

(VAPS) WERTSCHÖPFENDE PREISSTRATEGIE Für Unternehmen, bei denen die Grenzkosten gleich Null sind, zum Beispiel beim Verkauf digitaler Produkte wie E-Books und Online-Kurse. **VAPS** funktioniert am besten bei der Schaffung eines Geschäftsmodells, bei dem Sie verschiedenen Kunden unterschiedliche Preise in Rechnung stellen können.

 DER PERFEKTE PREIS

Besuchen Sie unsere Website! Holen Sie sich weitere Bücher von MENTES LIBRES!

https://www.amazon.de/MENTES-LIBRES/e/B08274DDV4?ref_=dbs_p_ebk_r00_abau_000000

Wenn Sie möchten, können Sie Ihren Kommentar zu diesem Buch hinterlassen, indem Sie auf den folgenden Link klicken, damit wir uns weiter entwickeln können! Vielen Dank für Ihren Kauf!

https://www.amazon.de/dp/B0891ZGBQV

www.ingramcontent.com/pod-product-compliance
Lightning Source LLC
Chambersburg PA
CBHW051538240526
45465CB00027B/705